essentials

Springer Essentials sind innovative Bücher, die das Wissen von Springer DE in kompaktester Form anhand kleiner, komprimierter Wissensbausteine zur Darstellung bringen. Damit sind sie besonders für die Nutzung auf modernen Tablet-PCs und eBook-Readern geeignet. In der Reihe erscheinen sowohl Originalarbeiten wie auch aktualisierte und hinsichtlich der Textmenge genauestens konzentrierte Bearbeitungen von Texten, die in maßgeblichen, allerdings auch wesentlich umfangreicheren Werken des Springer Verlags an anderer Stelle erscheinen. Die Leser bekommen „self-contained knowledge" in destillierter Form: Die Essenz dessen, worauf es als „State-of-the-Art" in der Praxis und/oder aktueller Fachdiskussion ankommt.

Jürgen E. Wenger

Innovationswettbewerbe und Incentives

Zielsetzung, Hebelwirkung, Gewinne

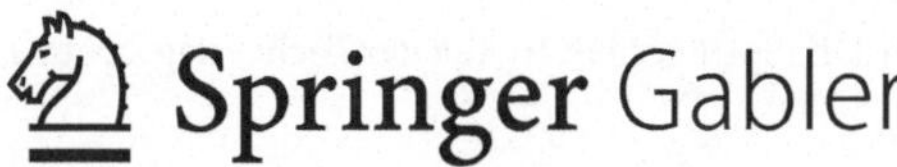

Jürgen E. Wenger
MBA
München
Deutschland

ISSN 2197-6708 ISSN 2197-6716 (electronic)
ISBN 978-3-658-04407-7 ISBN 978-3-658-04408-4 (eBook)
DOI 10.1007/978-3-658-04408-4

Die Deutsche Nationalbibliothek verzeichnet diese Publikation in der Deutschen National-
bibliografie; detaillierte bibliografische Daten sind im Internet über http://dnb.d-nb.de ab-
rufbar.

Springer Gabler
© Springer Fachmedien Wiesbaden 2014

Springer Gabler ist eine Marke von Springer DE. Springer DE ist Teil der Fachverlagsgruppe
Springer Science+Business Media
www.springer-gabler.de

Vorwort

Die vorliegende Veröffentlichung wurde auf der Grundlage der Dissertation von
Dr. Jürgen Wenger erarbeitet[1]. Er forscht im Bereich Innovationsmanagement mit
dem Schwerpunkt Gestaltung von Innovationswettbewerben. In seinem Werk „Gewinngestaltung bei Innovationswettbewerben" hat er den Stand der Forschung zur
Gestaltung und Wirkung von Gewinnen bei Innovationswettbewerben zusammengefasst. Er vergleicht die theoretischen Erkenntnisse mit der Anwendung in der
aktuellen Praxis. Dabei spielt die Zielsetzung der Innovationswettbewerbe eine
zentrale Rolle. Der folgende Beitrag umfasst Auszüge aus seiner Dissertation hinsichtlich der Gestaltung und der Zielsetzung von Innovationswettbewerben und
erläutert die Hebelwirkung von Gewinnen in Bezug auf die Anzahl der Teilnehmer,
der Leistungsbereitschaft von Teilnehmern und die Attraktivität eines Innovationswettbewerbes im Allgemeinen.

---

[1] Vgl. Wenger (2013).

Inhaltsverzeichnis

Innovationswettbewerbe 1

1.1 Definition

Für Innovationswettbewerbe gibt es eine Reihe unterschiedlicher Definitionen. Dies liegt an den verschiedenen Ausprägungen von Innovationswettbewerben in der praktischen Anwendung. Im Folgenden wird eine übergreifende Definition für den Begriff Innovationswettbewerb hergeleitet.

Dabei ist grundsätzlich festzuhalten, dass der Begriff Innovationswettbewerb alle Phasen des Innovationsprozesses abdeckt (Ideengenerierung, Konzeptentwicklung, Auswahl und Implementierung), während sich der Ideenwettbewerb auf die Generierung von Ideen konzentriert.[1] Der Begriff Innovationswettbewerb umfasst also alle Phasen des Innovationsprozesses von Ideenfindung, Ideenauswahl bis hin zur Umsetzung der Innovation.[2] Der Begriff Innovationswettbewerb ist der Überbegriff für verschiedene Arten von Wettbewerben mit dem Ziel, Ideen und Innovationen hervorzubringen.

Ähnlich vielfältig wie die verschiedenen Arten von Innovationswettbewerben selbst sind die benutzten Termini. Man spricht zum Beispiel von Ideenwettbewerben, von Innovationspreisen oder im Englischen von idea competition, innovation challenge, innovation tournament oder (innovation) prize. All diese Ausdrücke verbinden eine gemeinsame Basis:

- die Ausschreibung einer Aufgabenstellung,
- die Förderung der Teilnahme von Wissensträgern,[3]
- die Erhöhung der Qualität der Einsendungen,
- den Fokus auf Innovation bzw. innovative Ideen

---

[1] Vgl. Hallerstede et al. (2010, S. 2).

[2] Vgl. Herzhoff (1991, S. 11); Tidd et al. (1997).

[3] Vgl. Von Hayek (1945, S. 524 f.), ab V.

J. E. Wenger, *Innovationswettbewerbe und Incentives*, essentials,
DOI 10.1007/978-3-658-04408-4_1, © Springer Fachmedien Wiesbaden 2014

- eine zeitliche Begrenzung und
- die Einsendungen und Beiträge in der Regel mit Gewinnen zu belohnen.

Zur weiteren Beschreibung folgen einige wissenschaftliche Definitionen zu Ideen- bzw. Innovationswettbewerben. Hier die Definition von Walcher:

> (…) ein Ideenwettbewerb [stellt] eine Aufforderung eines privaten oder öffentlichen Veranstalters an die Allgemeinheit oder eine spezielle Zielgruppe dar, themenbezogene Beiträge innerhalb eines bestimmten Zeitraums einzureichen. Die Einsendungen werden dann in aller Regel von einer Expertengruppe an Hand von verschiedenen Beurteilungsdimensionen bewertet und leistungsorientiert prämiert.[4]

Ebner erweitert diese Definition um den unterstützenden Gedanken des Organisators bzw. des Mentors.

> Ein Ideenwettbewerb ist ein Appell an eine bestimmte Zielgruppe, Ideen zu einem vorgegebenen Thema in einem festgelegten Zeitraum einzureichen. Ein Organisator unterstützt – bei Bedarf zusammen mit Mentoren – die Teilnehmer bei der Abgabe der Ideen, die durch die Teilnehmer selbst und/oder eine Jury nach vorgegebenen Kriterien bewertet und prämiert werden.[5]

Bullinger und Möslein erwähnen in ihrer Definition die speziellen Fähigkeiten und Fertigkeiten der Teilnehmer.

> We define an innovation contest as a web-based competition of innovators who use their skills, experiences and creativity to provide a solution for a particular contest challenge defined by an organizer.[6]

Die Beiträge werden von einer Jury und/oder anderen Teilnehmer und/oder der Öffentlichkeit bewertet. Meist werden ein oder mehrere Gewinne vergeben. Je nach Ausprägung des Wettbewerbs können die Teilnehmer Einzelpersonen, Teams oder auch Unternehmen sein.

Innovationswettbewerbe können somit als zeitlich begrenzte Wettbewerbe von Innovatoren definiert werden, welche ihre Fähigkeiten, Erfahrungen und Kreativität einsetzen, um eine Lösung für eine spezielle Aufgabe anzubieten. Die Beiträge werden von einer Jury und/oder anderen Teilnehmern oder der Öffentlichkeit bewertet, um den besten Beitrag herauszufinden. In der Regel werden ein oder mehrere Gewinner mit einem Preis belohnt. Dieser Ansatz wird auch zunehmend

---

[4] Walcher (2007, S. 39).
[5] Ebner (2008, S 32).
[6] Bullinger und Möslein (2010b, S. 2).

genutzt, um nicht nur neue Produkte, sondern auch neue Dienstleistungen zu finden und zu entwickeln.[7]

Zusammenfassend lässt sich folgende auf den vorherigen Definitionen basierende Definition formulieren:

Definition von Innovationswettbewerben: Ein Innovationswettbewerb ist ein Wettbewerb, bei welchem ein privater oder öffentlicher Organisator die Allgemeinheit oder eine spezielle Zielgruppe auffordert, im Wettbewerb themenbezogene Beiträge zu einer Aufgabenstellung innerhalb eines bestimmten Zeitraums unter Nutzung der eigenen Fähigkeiten, Erfahrungen und Kreativität einzureichen. Der oder die Gewinner werden nach im Vorfeld festgelegten Regeln entweder durch den Veranstalter, durch eine Jury, die Teilnehmer selbst oder die Öffentlichkeit bestimmt.

Der Umfang der Definition lässt bereits darauf schließen, dass es zahlreiche Gestaltungsmöglichkeiten für Innovationswettbewerbe gibt. Die Gestaltungsspielräume und die Freiheitsgrade sind groß. Die Empfehlung eines strukturierten und schrittweisen Vorgehens zur Gestaltung eines Innovationswettbewerbs liegt nahe. Die Gestaltungsmerkmale werden im Folgenden näher erläutert.

1.2 Gestaltungsmerkmale

Innovationswettbewerbe sind mittlerweile sehr verbreitet und werden in verschiedenen Branchen eingesetzt.[8] Innovationswettbewerbe werden immer wieder speziellen Anforderungen angepasst. Mittlerweile ist eine hohe Anzahl verschiedener Innovationswettbewerbe im Internet zu finden.[9] Daher ist eine systematische Einteilung der Innovationswettbewerbe nach Kategorien und Gestaltungsmerkmalen unerlässlich.[10]

Verschiedene Studien identifizieren relevante Gestaltungsmerkmale von Innovationswettbewerben, wie die Art des Organisators, die Laufzeit, die Gewinne, das Themengebiet und die Zielgruppe.[11] Tabelle 1.1 zeigt einen Überblick von zehn

---

[7] Vgl. Bullinger und Möslein (2010a, S. 2); Piller und Walcher (2006); Ebner et al. (2010).

[8] Vgl. Bullinger und Möslein (2010b, S. 2).

[9] Der Suchbegriff „innovation contests" resultierte in mehr als 13 Mio. Treffern mit der Suchmaschine google.de [Stand: 16.01.2010].

[10] Vgl. Walcher (2007, S. 39–42); Reichwald und Piller (2006, S. 174–175).

[11] Vgl. Piller und Walcher (2006); Ebner (2008, S. 71); Haller et al. (2009).

Tab. 1.1 Wesentliche Gestaltungsparameter von Innovationswettbewerben. (Vgl. Haller et al. (2009); Möslein et al. (2010), S. 4.)

Gestaltungsmerkmal	Ausprägung				
Medium	Online	Gemischt		Offline	
Organisator	Unternehmen	Öffentliche Organisation	Gemeinnützig	Individuum	
Aufgabenspezifität	Niedrig (offene Aufgabe)	Definiert		Hoch (konkrete Aufgabe)	
Ausarbeitungsgrad	Idee	Skizze	Konzept	Prototyp	Lösung
Zielgruppe	Spezifisch		Unspezifisch		
Teilnahme als	Individuum	Team		Beides	
Laufzeit	Sehr kurz	Kurz	Lang	Sehr lang	
Art des Gewinnes	Monetär	Nicht-monetär		Gemischt	
Community-funktionalitäten	Vorhanden		Nicht vorhanden		
Evaluation	Jurybewertung	Peer-Bewertung	Selbsteinschätzung	Öffentlich	Gemischt

wesentlichen Gestaltungsmerkmalen, die in einer systematischen Analyse von Literatur und von Felddaten ermittelt wurden.[12]

Ein Gestaltungsparameter ist das *Medium*, über welches der Wettbewerb durchgeführt wird. Dies kann sein online, gemischt oder offline. Mit Offline-Wettbewerben sind Wettbewerbe gemeint, die nicht durch die vernetzende Wirkung von Computern unterstützt werden und daher die Teilnehmer ihre Ausarbeitungen zum Beispiel per Post einsenden oder persönlich vortragen. Ein gemischter Wettbewerb kann zum Beispiel eine Online-Vorauswahl haben und dann die Besten dieser ersten Wettbewerbsphase zu einem Finale an einen gemeinsamen Austragungsort einladen.

---

[12] Vgl. Bullinger und Möslein (2010b); Haller et al. (2009).

Diese gemischten Wettbewerbe werden in dieser Arbeit mit berücksichtigt und analysiert. Ein Beispiel für einen gemischten Innovationswettbewerb ist der Wettbewerb *challengefuture*,[13] der die Vorrunden online organisiert und die Finalisten zu einer Veranstaltung zur Präsentation der Ausarbeitungen einlädt.

Ein weiteres Gestaltungsmerkmal ist die Art des Organisators. Es kann ein Unternehmen sein, eine öffentliche oder gemeinnützige Organisation oder eine einzelne Person, die den Wettbewerb organisiert und ausschreibt.

Ein nächstes Unterscheidungsmerkmal von Innovationswettbewerben sind die Aufgabenbeschreibung und die damit verbundenen Aufgabenspezifität. Die Aufgabe kann sehr offen gefasst sein, sie kann klar definiert sein, aber sie kann auch sehr spezifisch, mit einem hohen fachlichen Detailgrad formuliert sein. Letztere ist meist nur an Fachleute adressiert.

Ein weiteres Gestaltungsmerkmal ist der *Ausarbeitungsgrad*. Zu unterscheiden sind hier Ideen, Skizzen, Konzepte, Prototypen und Lösungen. Der Ausarbeitungsgrad beschreibt die erforderliche Breite und Tiefe der Einsendung. Es können kurze textliche Beschreibungen einer Idee, oder Skizzen eines Designs oder einer Konstruktion sein. Besser ausgearbeitet sind Konzepte, welche die für eine Implementierung wichtigen Merkmale beschreiben. Ein Prototyp ist ein erstes Entwurfsmuster, um zu zeigen, dass ein Konzept funktioniert, während eine Lösung eine voll funktionsfähige Ausarbeitung darstellt. Der Aufwand für die Teilnehmer steigt in der Regel mit dem Ausarbeitungsgrad.

Auch, ob die *Zielgruppe* spezifiziert ist oder nicht, ist ein bewusstes Gestaltungsmerkmal. Gilt der Wettbewerb zum Beispiel nur für deutschsprachige Studenten oder werden Teilnehmer aus aller Welt angesprochen? Unterscheidungen bezüglich der Zielgruppe können auf Basis expliziter Definitionen gemacht werden und so zwischen festgelegter und nicht festgelegter Zielgruppe unterschieden werden. Während einige Innovationswettbewerbe eindeutig ein Mindestalter für die Teilnahme, eine bestimmte Herkunft oder Wohnort oder eine erforderlichen Ausbildungsgrad[14] vorschreiben, sind andere vollkommen unspezifisch und daher offen für jeden. Ebner unterscheidet bei der Zielgruppe zwischen der Allgemeinheit, Mitarbeiter von Organisationen und Personen in Aus- und Weiterbildung.[15] Ein weiterer Ansatz von Hallerstede et al. zielt auf das Wissen, welches gebraucht wird, um eine Aufgabe in Innovationswettbewerben zu lösen.[16]

---

[13] Vgl. http://www.challengefuture.org [Stand: 26.12.2011].

[14] Vgl. Carvalho (2009, S. 6.)

[15] Vgl. Ebner (2008, S. 58).

[16] Vgl. Hallerstede et al. (2010).

Der Organisator entscheidet auch, ob Einzelne oder Teams teilnehmen können (*Teilnahme*). Dies macht oft auch einen wesentlichen Unterschied für den Ablauf eines Wettbewerbs. Auch bezüglich der Urheberrechte von Ideen gibt es dann Unterschiede.

Ein weiteres Merkmal ist die Länge des Wettbewerbszeitraums (*Laufzeit*). Es wird von sehr kurz bis sehr lang unterschieden. Dies hat einen wesentlichen Einfluss auf die Zeit, die die einzelnen Teilnehmer auf die Ausarbeitung verwenden können.

Für diese Abhandlung ist vor allem das Gestaltungsmerkmal der Belohnung bzw. des Anreizsystems relevant (*Art des Gewinnes*). Grundsätzlich unterscheidet man monetär, nicht-monetär und gemischt.

Der Organisator eines Wettbewerbs muss auch entscheiden, ob er *Community-Funktionalitäten* anbietet. Dies gilt vor allem für die Online-Wettbewerbe.

Die Auswertung der Einsendungen (Evaluation) ist ebenfalls zu definieren. Es bestehen die Optionen, eine Jury damit zu beauftragen, eine gegenseitige Bewertung oder eine Selbstbewertung zu erlauben. Auch eine öffentliche Bewertung oder auch gemischte Formen sind möglich.

Die Gestaltungsmerkmale sind für den Organisator eines Innovationswettbewerbs wichtig. Für das Vorgehen zur Gestaltung von Innovationswettbewerben gibt es verschiedenen Empfehlungen. Eine davon wird im Folgenden kurz vorgestellt. Als Erstes wird die Klärung der Gesamtzielsetzung des Innovationswettbewerbs vorgeschlagen. Nachdem die Gesamtzielsetzung grundsätzlich geklärt ist, folgt die Gestaltung des Innovationswettbewerbs selbst. Dazu bietet Bays et al. eine aktuelle Prozessbeschreibung mit einigen Kernfragestellungen. Die Hauptschritte zur Gestaltung eines Innovationswettbewerbs sind:[17]

- Definition der Zielgruppe mit ihren Qualifikationen,
- Herausarbeiten der Rechte der Teilnehmer (IPR, Rolle Sponsoren, …),
- Festlegung der Wettbewerbsregeln (Gewinnkriterien, Zeitablauf, Zusammenarbeit, …) und die
- Festlegung des Gewinns (Monetär, nicht-monetär, Anzahl, Wert, …).

Es ist grundsätzlich wichtig, dass im Rahmen der Organisation von Innovationswettbewerben die Gestaltungsmerkmale im Vorfeld festgelegt werden; denn es ist schwierig zum Beispiel die Wettbewerbsregeln während der Laufzeit zu verändern. Die Gestaltungsmerkmale müssen deshalb im Vorfeld möglichst präzise definiert werden. Aus der Definition und der Gestaltung von Innovationswettbewerben

---

[17] Vgl. Bays et al. (2009, S. 93).

lassen sich verschiedene Grundtypen ableiten, die im weiteren Verlauf vorgestellt werden. Betrachten wir zuerst die Systematisierung von Innovationswettbwerben.

1.3 Systematisierung von Innovationswettbewerben

Auf Basis der Definitionen von Innovationswettbewerben gibt es verschiedene Ansätze, um Innovationswettbewerbe nach ihren Gestaltungsmerkmalen zu systematisieren. Anhand der vorgestellten Definitionen von Innovationswettbewerben lassen sich verschiedenste Zielsetzungen ausweisen:

- eine Liste von Ideen für ein spezielles oder auch offenes Thema zu erhalten,
- den besten Lieferanten zu finden, um ihn zu beauftragen,
- die begabtesten und engagiertesten Studenten zu entdecken und zu fördern,
- die attraktivsten Designs zu bekommen,
- genügend realisierbare Architekturvorschläge zu erhalten, um eine Auswahl zu treffen,
- Schüler durch Ideenwettbewerbe („Jugend forscht") für das Lernen zu begeistern,
- alle Mitarbeiter einer Stadtverwaltung an der Verbesserung der Abläufe aktiv zu beteiligen,
- die besten, qualifiziertesten und engagiertesten Mitarbeiter anzuwerben,
- die wirtschaftliche Entwicklung eines Landes durch Projektwettbewerbe zu fördern,
- alle Einwohner für eine Landschafts- und Dorfverschönerung zu aktivieren und
- den technischem Fortschritt durch eine Anschubfinanzierung für die Realisierung des besten Konzeptes zu unterstützen.

Diese Liste umfasst eine Reihe von Zielsetzungen, die aus der Praxis abgeleitet sind. Sie ist bei weitem nicht vollständig, sie soll aber zeigen, in welchen unterschiedlichen Themenfeldern sich Innovationswettbewerbe finden.

Verschiedene Forschergruppen haben sich mit der Einteilung von Innovationswettbewerben beschäftigt. Anhand ihrer Studien und Ausarbeitungen lassen sich Innovationswettbewerbe in verschiedene Grundtypen einteilen.

Hallerstede et al. beschreiben drei Typen von Innovationswettbewerben, welche sich anhand des Ausarbeitungsgrades von gering (Idee) bis hoch (Lösung) und an-

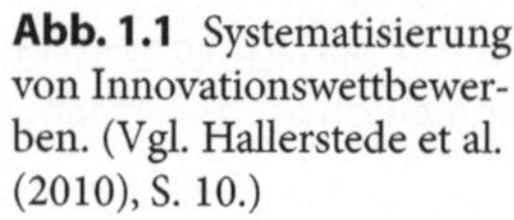

Abb. 1.1 Systematisierung von Innovationswettbewerben. (Vgl. Hallerstede et al. (2010), S. 10.)

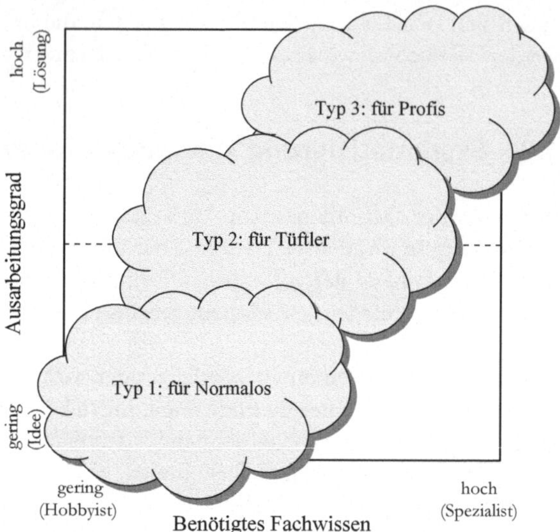

hand des benötigten Fachwissens von gering („für Normalos"), über mittel („für Tüftler") bis hoch („für Profis") unterscheiden.[18] Abbildung 1.1 verdeutlicht diese drei unter-schiedlichen Typen und ihre Einordnung nach Ausarbeitungsgrad und benötigtem Fachwissen.

Beim Typ 1 („Innovationswettbewerbe für Normalos") sind die Themenstellungen bevorzugt offen und erfordern kein besonderes Fachwissen für die Lösung.

Eine typische Aufgabe lautet z. B. „Wie kann man Wintersportler für die Unfallrisiken auf und neben der Skipiste sensibilisieren?". Die Fragestellung kann von einer breiten Masse an Innovatoren beantwortet werden, da sie sich mit Fragen des täglichen Lebens beschäftigt. Die Teilnehmer sind meist interessierte Laien. Hier werden vornehmlich Ideen generiert, die nachfolgend vom Organisator detailiert ausgearbeitet werden können. Dementsprechend wird entweder eine grundsätzliche Idee oder ein kurzes Konzept als Beitrag erwartet. Der Ausarbeitungsgrad und somit der benötigte Zeitbedarf für die Erstellung eines Beitrags bleibt gering.[19]

Beim Typ 2 („Innovationswettbewerbe für Tüftler") sind die Themenbereiche allgemein gehalten, erfordern aber eine genauere Auseinandersetzung mit der Materie als im Typ 1.

---

[18] Vgl. Hallerstede et al. (2010).
[19] Hallerstede et al. (2010, S. 8).

Typisch sind Fragen nach innovativen Produkten oder Geschäftsmodellen für eine Branche. Als Beitrag wird ein ausgearbeitetes Konzept erwartet. Der Zeitbedarf für die Erstellung der Konzepte ist mittel, da zwar detaillierte Überlegungen in die Entwicklung einfließen, aber keine praktische Umsetzung erfolgen muss.[20]

Beim Typ 3 („Innovationswettbewerbe für Profis") sind die Themenstellungen sehr spezifisch und erfordern ein hohes Fachwissen im jeweiligen Bereich.

Sie befassen sich z. B. oft mit komplexen Spezialgebieten innerhalb einer Disziplin, wie beispielsweise der Suche nach speziellen Proteinen, um ein Problem in der Chemie zu lösen. Dementsprechend stammen die Beiträge hier vor allem von Unternehmen oder Fachleuten. Meist werden Prototypen oder fertige Lösungen erwartet. Folglich entsteht ein hoher Zeitbedarf, um einen Beitrag auszuarbeiten.[21]

Auch Ebner beschäftigt sich mit der Systematisierung.[22] Er unterteilt die Wettbewerbe unter anderem nach Typen von Veranstaltern (Einzelveranstalter, Partnerschaft, staatlicher Veranstalter, professioneller Veranstalter),[23] nach Typen von Wettbewerbsnamen (kein Eigenname, thematischer Name, eigener Name, Fantasie-Name),[24] nach der Klassifikation nach Zielgruppen (Allgemeinheit, Mitarbeiter von Organisationen, Personen in Aus- und Weiterbildung unterteilt nach Schüler und Studierenden)[25] und nach dem Grad der Realisierungsabsicht und der Spezifikation.[26]

Auch andere Forschungsarbeiten ordnen Innovationswettbewerbe nach Typen ein. Diener und Piller systematisieren in ihrer Marktstudie acht Typen von Innovationswettbewerben. Sie unterscheiden die Typen nach dem Start der Zusammenarbeit („open search" versus „open call"), nach der Art des gesuchten Wissens (Bedürfnis- oder Lösungsinformation) und nach der Art des Zugriffs auf die Plattform (keine Einschränkungen versus Einschränkungen).[27]

Eine Studie von Bays et al. hat im Speziellen philanthropische Innovationswettbewerbe untersucht. Sie unterscheidet dabei sechs Grundtypen. Tabelle 1.2 zeigt einen Überblick.

---

[20] Hallerstede et al. (2010, S. 8 f.).

[21] Hallerstede et al. (2010, S. 9).

[22] Vgl. Ebner (2008, S. 52 ff.).

[23] Vgl. Ebner (2008, S. 54).

[24] Vgl. Ebner (2008, S. 56).

[25] Vgl. Ebner (2008, S. 58).

[26] Vgl. Ebner (2008, S. 61).

[27] Vgl. Diener und Piller (2009, S. 76 ff.).

Tab. 1.2 Überblick über Grundtypen philatrophischer Wettbewerbe. (Vgl. Bays et al. (2009), S. 48 ff.)

Grundtyp	Zielsetzung	Haupthebel zur Veränderung	Beispiele
„Exemplar"	Die Aufmerksamkeit auf ein bestimmtes Feld oder Thema ziehen, Standards darin setzen und/oder die Wahrnehmung desgleichen verändern	Exzellenz identifizieren, Wahrnehmung beeinflussen	Nobelpreis[a]
„Exposition"	Eine Reihe von „Best Practices", Ideen oder Chancen innerhalb eines Themenfeldes hervorheben	Exzellenz identifizieren, Kapital mobilisieren	PICNIC Green Challenge[b]
„Network"	Netzwerkbildung, Stärkung bestimmter Communities durch die Schaffung von Forum zur Interaktion, Aufbau zukünftiger Führer in bestimmten Bereichen	Exzellenz identifizieren, Stärkung einer Community, Kapital mobilisieren	El Pomar Awards[c]
„Participation"	Bildet im Rahmen des Wettbewerbsprozesses die Teilnehmer aus und verändert deren Verhalten	Stärkung einer Community, Ausbildung und Verbesserung der Fertigkeiten	Odyssey of the mind[d] FIRST Robotics[e]
„Market stimulation"	Bildet Marktanreize nach, reduziert Kosten durch Wettbewerb, deckt verborgene Nachfrage auf	Exzellenz identifizieren, Mobilisiert Talent und Kapital, Fokussierung auf Communities, Wahrnehmung beeinflussen	X Prize Foundation[f]
„Point Solution"	Löst eine herausfordernde, genau definierte Aufgabenstellung, welche innovative Ansätze benötigt	Fokusierung auf Communities, Mobilisierung Talent	Innocentive[g] NineSigma[h] Threadless[i] Local Motors[j]

[a] Vgl. http://www.nobelprize.org [Stand: 03.12.2011]
[b] Vgl. http://www.greenchallenge.info [Stand: 03.12.2011]
[c] Vgl. http://www.elpomar.org [Stand: 03.12.2011]
[d] Vgl. http://www.odysseyofthemind.com [Stand: 03.12.2011]
[e] Vgl. http://www.usfirst.org [Stand: 03.12.2011]
[f] Vgl. http://www.xprize.org [Stand: 03.12.2011]
[g] Vgl. http://www.innocentive.com [Stand: 03.12.2011]
[h] Vgl. http://www.ninesigma.com [Stand: 03.12.2011]
[i] Vgl. http://www.threadless.com [Stand: 03.12.2011]
[j] Vgl. http://www.local-motors.com [Stand: 03.12.2011]

Der Grundtyp *Exemplar* will die Aufmerksamkeit auf ein besonderes Vorbild richten und in einem Themenfeld Standards. Das wohl bekannteste Beispiel hierzu ist der *Nobelpreis*.

Der Grundtyp *Exposition* will *best practices* in einem Themenfeld hervorheben und damit ggf. Kapital mobilisieren, um dieses Themenfeld weiter zu entwickeln. Ein Beispiel ist der *PICNIC Green Challenge*.

Der Grundtyp *Network* zielt darauf ab, bestimmte Communities zu fördern und eine höhere Interaktion zu erreichen. Exzellente Leistungen werden hervorgehoben, um Kapital zu mobilisieren. Die *El Pomar Awards* sind ein Beispiel dafür.

Der Grundtyp *Participation* bildet im Rahmen des Wettbewerbsprozesses die Teilnehmer aus und verbessert deren Fertigkeiten. Die Community wird gefördert. Dazu zählen in der Regel schulische oder studentische Wettbewerbe. *FIRST Robotics* ist ein Beispiel dafür.

Ein weiterer Grundtyp ist *Market stimulation*. Er bildet Marktanreize nach, reduziert Kosten durch einen höheren Wettbewerb und deckt dabei verborgene Nachfrage auf. Er mobilisiert dadurch Talent und Kapital. Die Wettbewerbe der *X Prize Foundation* sind typische Beispiel dafür.

Der letzte Grundtyp ist *Point Solution*. Hierbei werden herausfordernde, genau definierte Aufgaben gestellt und dabei innovative Ansätze gesucht. Typische Beispiele sind hier *Innocentive* und *NineSigma*.

Bays et al. stellen mit diesen sechs Grundtypen ein Grundraster für die Einordnung der Innovationswettbewerbe vor. Im Folgenden werden die verschiedenen Systematisierungen von Innovationswettbewerben zu einer Liste von Grundtypen konsolidiert.

1.4   Grundtypen von Innovationswettbewerben

Im Folgenden erfolgt eine Konsolidierung der vorgestellten Grundtypen, um eine Basismenge an Grundtypen von Innovationswettbewerben als Ausgangsmenge für zukünftige wissenschaftliche Arbeiten anzubieten. Folgende bereits vorgestellte Systematisierungen von Innovationswettbewerben befinden sich als Ausgangspunkt in der engeren Auswahl:

- Unterteilung auf Basis der Zielgruppe Normalos, Tüftler und Profis nach Hallerstede et al.[28]
- Klassifikation auf der Basis von Veranstaltungstypen, Zielgruppen, dem Grad der Realisierungsabsicht und der Spezifikation nach Ebner[29]
- Systematisierung auf Basis des Starts der Zusammenarbeit, der Art des gesuchten Wissens und der Art des Zugriffs auf die Plattform nach Diener und Piller[30]
- Unterscheidung von sechs Grundtypen auf der Basis ihrer Zielsetzung nach Bays et al.[31]

In Anlehnung an die vorgestellten Systematisierungen von Innovationswettbewerben werden gemeinsame Ordnungsraster ausgewählt. In fast allen Systematisierungen ist eine Unterteilung basierend auf der Zielgruppe bzw. der Zielsetzung enthalten. Am umfassendsten ist dabei die Unterscheidung von sechs Grundtypen nach Bays et al. Weil die grundsätzliche Zielsetzung eines Innovationswettbewerbs einen essentiellen Ausgangspunkt beschreibt, wird im Wesentlichen auf diese Grundtypen aufgebaut.

Trotz der Anzahl von sechs Grundtypen erscheinen diese aber nicht vollständig. In der Vorstudie in der Dissertation von Wenger[32] zeigt sich ein zusätzlicher wichtiger Grundtyp. Unter dem Begriff *„Karrierewege öffnen"* werden alle Innovationswettbewerbe zusammengefasst, die sich mit Talentsuche, Rekruiting für neue Mitarbeiter, Studentenwettbewerbe für Absolventen, Business Plan-Wettbewerbe und Wettbewerbe zur Gründung eines eigenen Unternehmens beschäftigen. Dieser Grundtyp wurde ergänzt. Tabelle 1.3 zeigt die Gesamtheit der verwendeten Grundtypen.

Somit umfasst die Gesamtliste nun insgesamt sieben Grundtypen. Diese werden im Folgenden näher beschrieben.

1.4.1   Grundtyp: „Vorbild prägen"

Der Gewinner eines Innovationswettbewerbes des Grundtyps *„Vorbild prägen"* definiert den Maßstab von Exzellenz in einem bestimmten Themengebiet. Dieser Grundtyp wird genutzt, um große Errungenschaften zu kommunizieren, Standards

---

[28] Vgl. Hallerstede et al. (2010, S. 10).

[29] Vgl. Ebner (2008, S. 52 ff.).

[30] Vgl. Diener und Piller (2009, S. 76 ff.).

[31] Vgl. Bays et al. (2009, S. 48 ff.).

[32] Vgl. Wenger (2013, S. 109 ff.).

Tab. 1.3 Überblick über die in der dieser Arbeit verwendeten Grundtypen

Grundtyp	Angelehnt an Typ/ Beschreibung	Referenz	Beispiel
„Vorbild prägen"	„Exemplar"	Bays et al. (2009)	Nobelpreis[a]
„Heraushebung bestimmter Themen"	„Exposition"	Bays et al. (2009)	PICNIC Green Challenge[b]
„Netzwerk stärken"	„Network"	Bays et al. (2009)	El Pomar Awards[c]
„Teilnahme fördern"	„Participation"	Bays et al. (2009), Ebner (2008)	Odyssey of the mind[d] FIRST Robotics[e]
„Markt stimulieren"	„Market stimulation"	Bays et al. (2009), Kay (2011)	X Prize Foundation[f]
„Gezielt Lösungen finden"	„Point Solution"	Bays et al. (2009), Diener & Piller (2009)	Innocentive[g] NineSigma[h] Threadless[i] Local Motors[j]
„Karrierewege öffnen"	Talentsuche, Rekruiting, fortgeschrittener Studentenwettbewerb, Business Wettbewerb, Startup Wettbewerbe	Wenger (2013)	McKinsey Innovation Challenge[k], Henkel Innovation Challenge[l], Concours Entrepreneurship & Innovation[m]

[a] Vgl. http://www.nobelprize.org [Stand: 03.12.2011]

[b] Vgl. http://www.greenchallenge.info [Stand: 03.12.2011]

[c] Vgl. http://elpomar.org [Stand: 03.12.2011]

[d] Vgl. http://www.odysseyofthemind.com [Stand: 03.12.2011]

[e] Vgl. http://www.usfirst.org [Stand: 03.12.2011]

[f] Vgl. http://www.xprize.org [Stand: 03.12.2011]

[g] Vgl. http://www.innocentive.com [Stand: 03.12.2011]

[h] Vgl. http://www.ninesigma.com [Stand: 03.12.2011]

[i] Vgl. http://www.threadless.com [Stand: 03.12.2011]

[j] Vgl. http://www.local-motors.com [Stand: 03.12.2011]

[k] Vgl. http://www.innovation-challenge.mckinsey.com/html/innovation_challenge/start.php [Stand: 18.06.2010]

[l] Vgl. http://www.henkel.com/cps/rde/xchg/henkel_hic/hs.xsl/index.htm [Stand: 18.06.2010]

[m] Vgl. http://neumann.hec.ca/entrepreneurship/fr/activites/concours/depliant_eng2010.pdf [Stand: 18.06.2010]

und Maßstäbe zu setzen und die öffentliche Meinung zu beeinflussen. Ein typischer Vertreter dieses Grundtypes ist der Nobelpreis. Wissenschaftliche Innovationspreise wollen die Anerkennung des Gewinners unterstützen und andere ermutigen, die Errungenschaften zu verstehen. Wirtschafts-, Friedens- und Literaturpreise sollen die weltweiten Debatten zur Politik und zu kulturellen Themen inspirieren. Dieser

Grundtyp soll die Gewinner unterstützen, nicht nur in ihrem eigenen Themenfeld, sondern auch darüber hinaus, die breite öffentliche Meinung zu beinflussen. Die Anwendung dieses Grundtyps hat aber auch Grenzen. Die Zeit, um eine bahnbrechenden Innovation zu generieren, ist oft sehr lange und eine Überlappung verschiedener Disziplinen reduziert die öffentliche Wahrnehmung der einzelnen Errungenschaften.[33]

1.4.2 Grundtyp: „Heraushebung bestimmter Themen"

Der Grundtyp *„Heraushebung bestimmter Themen"* hebt Ideen und Innovationen zu einem bestimmten Themengebiet hervor. Dieser Grundtyp ermöglicht den Vergleich und die Diskussion von vielversprechenden Ideen und Innovationen in der Öffentlichkeit. Ziel dieses Grundtyps ist übergreifende Bearbeitung eines Themengebietes und die Unterstützung und Umsetzung von einer Vielzahl von entsprechenden Ideen. Ein Beispiel zu diesem Grundtyp ist die PICNIC Green Challenge.[34]

1.4.3 Grundtyp: „Netzwerk stärken"

Der Grundtyp *„Netzwerk stärken"* zielt darauf ab, Netzwerke aufzubauen, Communities und Foren zu stärken und Vorreiter in einem bestimmten Themengebiet aufzubauen und zu unterstützen. Es sollen Verbindungen zu Stakeholdern und Geldgebern hergestellt werden, um einen nachhaltige Stärkung des gesamten Netzwerkes zu erreichen. Ein Beispiel zu diesem Grundtyp sind die El Pomar Awards.[35]

1.4.4 Grundtyp: „Teilnahme fördern"

Der Grundtyp *„Teilnahme fördern"* zielt darauf ab, Teilnehmer zu inspirieren, ihr Verhalten und womöglich auch ihren Lebensweg zu ändern. Dazu gehören z. B. Innovationswettbewerbe, um Schulungsclips für eine gesunde Ernährung zu erstellen, mit dem Ziel, dass sich möglichst viele Menschen mit diesem Thema beschäftigen und dann auch anders handeln. Dazu gehören aber auch Innovationswettbewerbe im schulischen Umfeld, wie z. B. *Jugend forscht*. Auch dort ist das Ziel,

---

[33] Vgl. Bays et al. (2009, S. 48).

[34] Vgl. Bays et al. (2009, S. 48).

[35] Vgl. Bays et al. (2009, S. 49).

möglichst viele Menschen dazu zu animieren, sich mit einem Themengebiet besonders intensiv auseinander zu setzen und damit sich selbst weiterzubilden. Zwei weitere Beispiele sind die Innovationswettbewerbe *Odysee of the mind* und *FIRST Robotics*.[36]

1.4.5 Grundtyp: „Markt stimulieren"

Der Grundtyp „*Markt stimulieren*" zielt darauf ab, das „Versagen" des Marktes zu kompensieren und fehlende Stimulation und Investition in ein Themenfeld zu ersetzen. Ein typisches Beispiel aus der Geschichte ist der Rekordflug von Charles Lindberg, dessen besonders leistungsfähiges Flugzeug nur deshalb entwickelt wurde, weil ein Innovationswettbewerb (*Orteig Prize*) mit einem entsprechenden Gewinn und einer hohen öffentlichen Wahrnehmung ihn und das Flugzeugunternehmen *Ryan Airlines* dazu inspirierte hatte. Der *Orteig Prize* hat aber nicht nur *Ryan Airlines*, sondern auch einer Reihe anderer Unternehmen dazu bewegt, in die Luftfahrt zu investieren. Dies verhalf der damaligen Luftfahrt zu einem besonderen Innovationsschub mit der Etablierung von Transatlantikflügen. Heutige Innovationswettbewerbe dieses Grundtypus sind z. B. die Wettbewerbe der X PRIZE Foundation.[37]

1.4.6 Grundtyp: „Gezielt Lösungen finden"

Der Grundtyp „*Gezielt Lösungen finden*" ist auf die Lösung von genau definierbaren Problemstellungen ausgerichtet. Dazu nutzt dieser Grundtyp oft eigene Communities von Experten und will talentierte Fachleute aktivieren. Typische Beispiele sind hier die Intermediäre wie *NineSigma* oder *Innocentive*, die für lösungsuchende Unternehmen Aufgabenstellungen an eine eigene Community an Problemlösern vergibt. Aber auch im Bereich Design oder im Automotive Bereich gibt es Beispiele für klar definierte Aufgabenstellungen, die eine Lösung über einen Innovationswettbewerb suchen. Beispiele hierfür sind *Threadless* und *Local Motors*.[38]

---

[36] Vgl. Bays et al. (2009, S. 49).

[37] Vgl. Bays et al. (2009, S. 49).

[38] Vgl. Bays et al. (2009, S. 51).

1.4.7   Grundtyp: „Karrierewege öffnen"

Beim Grundtyp *„Karrierewege öffnen"* steht die Suche nach Talenten, nach Gründern und nach potentiellen neuen Mitarbeitern im Vordergrund. Dazu zählen auch Studentenwettbewerbe zum Ende des Studiums wie auch Business Plan und Start-up Wettbewerbe. Ziel ist es, mithilfe des Wettbewerbs die talentiertesten und engagiertesten Menschen und Teams zu identifizieren und diesen dann Unterstützung zur Realisierung ihrer Vorhaben zu geben. Es sollen Wege für die Entfaltung von Talenten aufgetan bzw. Talente in Unternehmen integriert werden. Beispiele hierfür sind die Innovationswettbewerbe *McKinsey Innovation Challenge, Henkel Innovation Challenge* und *Concours Entrepreneurship & Innovation*.

Diese sieben Grundtypen bilden den Ausgangspunkt für zahlreiche Analysen in der Dissertation von Wenger.[39] Es folgen nun Erkenntnisse der aktuellen Literatur zur Gestaltung von Gewinnen bei Innovationswettbewerben und deren Wirkung.

---

[39] Vgl. Wenger (2013).

Gewinne bei Innovationswettbewerben   2

In diesem Kapitel werden die Gewinne bei Innovationswettbewerben näher erläutert. Ein Gewinn ist grundsätzlich eine Auszeichnung für eine hervorragende Leistung. Er wird immer im Nachhinein vergeben, aber in der Regel im Vorhinein angekündigt.[1] Es gibt verschiedene Gründe für die Vergabe von Gewinnen.

2.1 Gründe für die Vergabe von Gewinnen

Die Organisatoren von Innovationswettbewerben haben verschiedene Ziele, welche sie mit Gewinnen in einem Innovationswettbewerb verfolgen. Bei Innovationswettbewerben werden Gewinne hauptsächlich aus folgenden Gründen vergeben:

- um Personen zur Teilnahme zu motivieren,[2]
- um das Engagement der Teilnehmer zu steigern, damit sich die Quantität und die Qualität der Beitrage erhöht,[3]
- um die Teilnehmer für ihre Leistung zu belohnen,[4]
- für den Transfer ihrer Beiträge, die oft auch das Recht zur Nutzung beinhalten,[5]
- um mit bemerkenswerten Gewinnen die Aufmerksamkeit der Medien zu erlangen,[6]

---

[1] Vgl. http://www.businessdictionary.com/definition/prize.html [Stand: 30.04.2012].
[2] Vgl. Walcher (2007).
[3] Vgl. Boudreau et al. (2008a).
[4] Vgl. Piller und Walcher (2006).
[5] Vgl. Piller und Walcher (2006).
[6] Vgl. Bays et al. (2009, S. 21).

J. E. Wenger, *Innovationswettbewerbe und Incentives*, essentials, DOI 10.1007/978-3-658-04408-4_2, © Springer Fachmedien Wiesbaden 2014

- um ihre Produkte oder Dienstleistungen z. B. als Gewinn, in den Vordergrund zu stellen,[7]
- um qualifizierte Mitarbeiter anzuwerben,[8]
- um Experten für die Lösung von spezifischen Problemen zu finden[9] und
- um in Form von Gewinnen Unternehmensneugründungen zu begleiten und zu unterstützen.[10]

Ein wesentlicher und übergeordneter Grund für die Vergabe von Gewinnen besteht darin, Personen zur Teilnahme zu motivieren. Die Forschungsergebnisse bezüglich des Einflusses von Gewinnen auf das Verhalten von Teilnehmern sind vielschichtig. Walcher erklärt die Motive für die Teilnahme anhand von Metaanalysen aus Literatur über Open Source Software. Er analysiert den Einfluss von mehreren intrinsischen und extrinsischen Motiven auf die Teilnahme und die Leistung in Bezug auf die Quantität und die Qualität von Einsendungen.[11] Er unterscheidet drei Kategorien von Motiven:

- Nutz-Motive, zum Beispiel Vergütung,
- Hedonismus-Motive, zum Beispiel Spaß und
- Norm-Motive, zum Beispiel Anerkennung.[12]

Sein Ergebnis zeigt keine signifikante Korrelation zwischen extrinsischen Motiven und dem Teilnahme- oder Leistungsverhalten der Wettbewerber.[13] Es gibt aber auch andere Sichtweisen. Die Forschungsergebnisse von Leimeister et al. zeigen auf, dass extrinsische Motive in Form von Gewinnen sehr wohl eine Rolle spielen, wenn auch nicht die Wichtigste.[14] Leimeister et al. unterteilen vier Themengebiete von Motiven bzw. Anreizsystemen:

- das Lernen und damit der Zugriff auf das Wissen von Experten, von Mentoren und von anderen Teilnehmern,

---

[7] Vgl. http://www.led-emotionalize.com [Stand: 16.01.2010].

[8] Z. B. der Wettbewerb von McKinsey and Company unter http://www.innovation-challenge. mckinsey.com/html/innovation_challenge/start.php [Stand: 06.06.2010].

[9] Z. B. Innocentive unter http://www2.innocentive.com [Stand: 04.08.2010].

[10] Dies sind in der Regel Business Plan-Wettbewerbe mit Fokus Innovation.

[11] Vgl. Walcher (2007, S. 135–184).

[12] Vgl. Walcher (2007, S. 151).

[13] Vgl. Walcher (2007, S. 236–249).

[14] Vgl. Leimeister et al. (2009).

- die direkte Vergütung wie mit Geldgewinnen oder mit Karrieremöglichkeiten,
- das Selbstmarketing mit der Möglichkeit der Profilierung,
- und soziale Motive wie die Anerkennung durch den Organisator des Innovationswettbewerbs oder die Anerkennung durch andere Teilnehmer.[15]

2.2 Motivation und die Verwendung von Gewinnen

Zur weiteren Fundierung der Gründe für die Vergabe von Gewinne erfolgt nun ein kurzer Exkurs zum Thema Motivation. In der Literatur werden verschiedene Forschungsergebnisse bezüglich des Themengebiets Motivation beschrieben.

In der Motivationsforschung wird grundsätzlich zwischen Inhaltstheorien[16] und Prozesstheorien[17] unterschieden.[18] Die Inhaltstheorien beschäftigen sich mit der Frage, wonach Menschen streben, welche Motive in bestimmten Situationen wirken und damit Menschen zu einem Verhalten bewegen. Die Prozesstheorien versuchen den Motivationsverlauf und die ablaufenden kognitiven Prozesse zu erklären.

Die Motivation hängt in der Regel von der persönlichen Situation des Einzelnen ab. Deshalb entwickelte Maslow ein Modell mit aufeinander aufbauenden Bedürfnisebenen, auch bekannt unter der Maslow'schen Bedürfnispyramide[19]. Erst wenn die Bedürfnisse der Basis erfüllt sind (Grundbedürfnisse), werden die Bedürfnisse der oberen Ebenen relevant.[20] Vroom's VIE-Theorie beschreibt die Motivation als Ergebnis aus den Faktoren Valenz, Instrumentalität und Erwartung.[21]

Häufig zitiert im Kontext von Innovationsmanagement wird die Motivationstheorie von Deci and Ryan.[22] Deci and Ryan unterscheiden grundsätzlich zwei Formen von Motivation, intrinsisch und extrinsisch.[23] Intrinsische Motivation kommt von der Belohnung, die in einer Aufgabe oder einer Aktivität selbst enthalten ist – zum Beispiel das Vergnügen, ein Puzzle zusammenzustellen oder die Freude am

---

[15] Vgl. Leimeister et al. (2009, S. 14).

[16] Vgl. Maslow (1987, S. 34); Alderfer (1972, S. 112); Herzberg (1982).

[17] Vgl. Vroom (1964).

[18] Vgl. Staehle und Conrad (1999, S. 202).

[19] Die einzelnen Ebenen sind beginnend mit der Basis: Grund- und Existenzbedürfnisse, Sicherheit, Sozialbedürfnis, Anerkennung und Wertschätzung, Selbstverwirklichung.

[20] Vgl. Maslow (1987).

[21] Vgl. Vroom (1964).

[22] Vgl. Walcher (2007, S. 139); Ebner (2008, S. 33).

[23] Vgl. Deci und Ryan (1985).

Spielen.[24] Ein intrinsischer Motivator im Kontext von Innovationswettbewerben ist zum Beispiel das Erreichen einer hohen Reputation in einer relevanten Community.[25]

Extrinsische Motivation entsteht durch äußere Anreize. Geld ist eines der offensichtlichsten Beispiele, aber die Androhung von Strafe bewirkt genauso eine extrinsische Motivation.[26] Extrinsische Motivation im Zusammenhang mit Innovationswettbewerben wird beispielsweise durch wertvolle Geld- oder Sachgewinne wie auch durch attraktive Dienstleistungen wie Coaching, Training und Beratung, erzeugt. Zu extrinsischen Anreizen gehören auch Anreize wie die Aussicht auf eine Anstellung im organisierenden Unternehmen. In Abb. 2.1 werden die beschriebenen Zusammenhänge zusammengefasst und verdeutlicht.

Grundlegend für Gestaltung von Gewinnen bei Innovationswettbewerben ist die Unterscheidung von monetären Gewinnen, nicht-monetären Gewinnen und der Kombinationen daraus. Monetäre und nicht-monetäre Gewinne haben eine unterschiedliche Wirkung auf die Teilnehmer an Innovationswettbewerben. Deshalb folgt als Nächstes eine nähere Beschreibung von monetären und nicht-monetären Gewinnen.

2.3 Monetäre und nicht-monetäre Gewinne

Die Organisatoren von Innovationswettbewerben verwenden grundsätzlich entweder monetäre Gewinne, nicht-monetäre Gewinne und gemischte Gewinne. Gemischte Gewinne haben sowohl einen monetären als auch einen nicht-monetären Anteil.

In der Arbeit von Wenger[27] wurde folgende Spezifizierung getroffen. *Monetäre Gewinne* oder monetäre Anteile eines Gewinnes können in Form einer Geldwährung beziffert werden. Der Geldwert steht im Vordergrund. Dazu gehören reine Geldpreise, Geldgutscheine, Einkaufsgutscheine und Fördergelder, welche nicht direkt in Verbindung mit einem Sachgegenstand oder einer Dienstleistung stehen.

Gewinne können aber auch *nicht-monetär* sein, wie zum Beispiel bei einer Einladung zum Finale eines Innovationswettbewerbs in die Landeshauptstadt, bei einem Stellenangebot oder bei einer Einladung zu einem Seminar für Unternehmer. Nicht-monetäre Gewinne sind im Rahmen dieser Arbeit auch Sachgewinne,

---

[24] Vgl. Deci (1972).

[25] Vgl. Bullinger und Möslein (2010b, S. 6).

[26] Vgl. Deci und Ryan (1985).

[27] Vgl. Wenger (2013, S. 65).

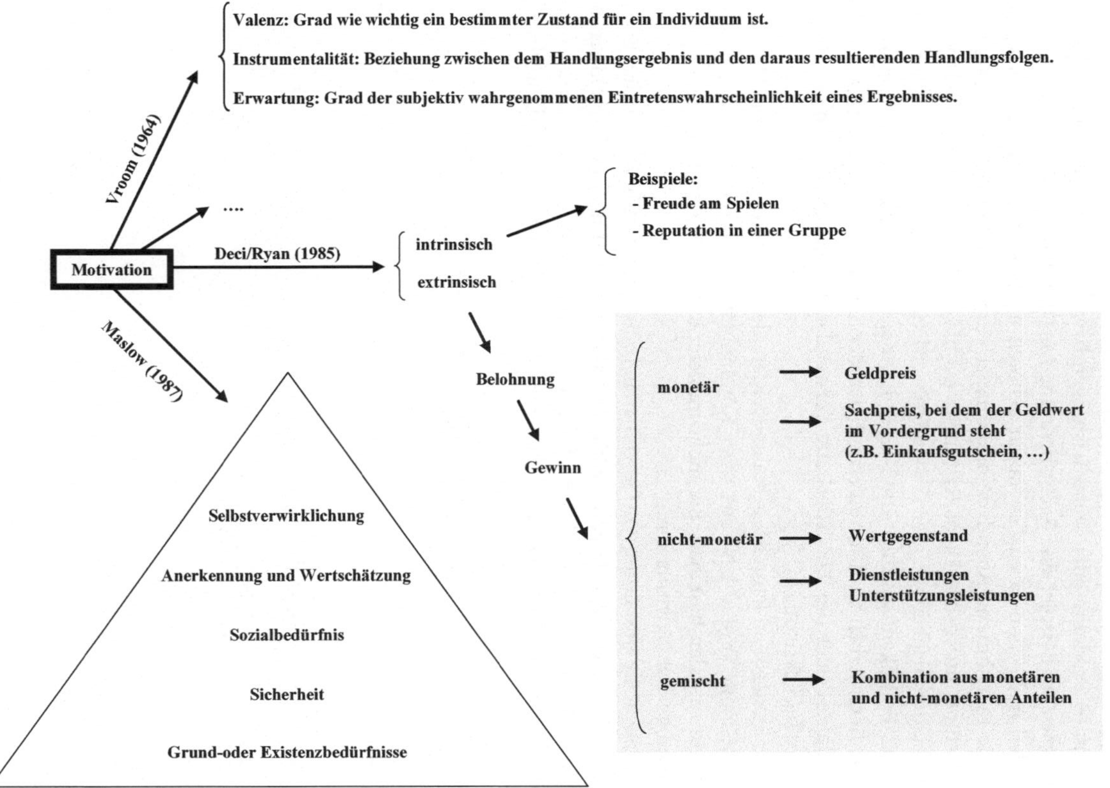

Abb. 2.1 Allgemeine Motivationstheorien mit Bezug auf Gewinne

Gegenstände, Produkte oder Dienstleistungen bzw. konkrete Unterstützungsleistungen, wie zum Beispiel eine Rechtsberatung zur Umsetzung einer Geschäftsidee.

Zu den nicht-monetären Gewinnen gehören auch Reisen, der Besuch einer Messe, die Teilnahme an Abendveranstaltungen, eine Weiterbildung, ein Coaching, eine Beratung, juristische Dienstleistungen bis hin zu Angeboten von Festanstellungen. Zu den nicht-monetären Gewinnen werden auch zeitlich befristete Anstellungen als Praktikant gezählt. Zur Bewertung der nicht-monetären Gewinne im Rahmen dieser Arbeit wird soweit ermittelbar der am Markt übliche Verkaufspreis des Produktes oder der Dienstleistung verwendet. Dabei sind regionale Unterschiede zu berücksichtigen.[28]

Zusammenfassend kann festgehalten werden, dass Gewinne rein monetär oder rein nicht-monetär sind bzw. aus einer Kombination aus monetären oder nicht-monetären Anteilen bestehen. Bei nicht-monetären Gewinnen gibt es eine große Vielfalt möglicher Gewinnarten.

Dies macht die Gestaltung von Gewinnen in Innovationswettbewerben durchaus komplex. Die Gewinne bieten aber Möglichkeiten, die Leistung der Teilnehmer in bestimmten Grenzen zu beeinflussen. Folgendes Kapitel beschreibt die Zusammenhänge bezüglich der Hebelwirkung durch Gewinne bei Innovationswettbewerben.

---

[28] Z. B. sind Sachgewinne in Indien anders zu bewerten als in den USA.

Hebelwirkung bei Innovationswettbewerben

3

3.1 Steigerung der Anzahl der Teilnehmer

Die Organisatoren von Innovationswettbewerben verfolgen das Ziel, die Leistungsbereitschaft und die abgelieferte Qualität der Einsendungen zu steigern.[1] Zu unterscheiden sind Organisatoren, welche die aggregierte bzw. die gesamthafte Leistungsbereitschaft der Teilnehmer steigern wollen, wie z. B. bei einem Wettbewerb zu Dorfverschönerung, und welche, denen eine einzelne Einsendung von höchster Qualität wichtig ist, da sie nur eine herausragende Innovation zur Umsetzung suchen. In beiden Fällen ist es wichtig, die Menschen zur Teilnahme und zur Leistungserbringung zu bewegen.

Betrachten wir die Situation aus der Sicht der Teilnehmer. Je mehr Teilnehmer am Wettbewerb teilnehmen, desto geringer ist die Chance jedes Einzelnen, zu gewinnen. Wenn wie beschrieben die Gewinnchancen je Teilnehmer geringer sind, ist zu vermuten, dass ein Teil der Teilnehmer weniger engagiert ist. Dies führt dazu, dass die einzelnen Beiträge dieser Teilnehmer auch eine geringere Ausarbeitung und Qualität haben. Auf der anderen Seite ist bei mehr Teilnehmern davon auszugehen, dass die Summe der Beiträge bzw. die aggregierte Leistungsbereitschaft größer ist.[2] Also kann ein Ziel sein, soviel Teilnehmer wie möglich anzuziehen. Um dies zu erreichen, ist es aber von Vorteil auch mehrere Gewinne anzubieten.[3]

Innerhalb eines Innovationswettbewerbs sind in Abhängigkeit der Anzahl der Teilnehmer zwei gegenläufige Effekte zu beobachten.[4] Einer der Effekte entsteht durch die Rivalität der Teilnehmer untereinander und wird als *„competition effect"*

---

[1] Vgl. Boudreau, Lacetera & Lakhani (2008a).

[2] Vgl. Sisak (2009), S. 110.

[3] Vgl. Glazer & Hassin (1988); Krishna & Morgan (1998).

[4] Vgl. Boudreau, Lacetera & Lakhani (2008a).

J. E. Wenger, *Innovationswettbewerbe und Incentives*, essentials,
DOI 10.1007/978-3-658-04408-4_3, © Springer Fachmedien Wiesbaden 2014

bezeichnet. Ist dieser Wettbewerbseffekt sehr hoch, reduzieren oft die Teilnehmer, die wenig Gewinnschance erwarten, ihr Engagement im Wettbewerb.

Erhöht man nun zum Beispiel durch Incentivierung die Attraktivität des Wettbewerbs, ist zu vermuten, dass die Anzahl der Teilnehmer steigt. Durch eine höhere Anzahl der Teilnehmer im Wettbewerb steigen auch die Chancen für den Wettbewerbsorganisator, dass er verwertbare Lösungsvorschläge erhält. Diesen Effekt nennen Boudreau et al. *„parallel search effect"*. Auch die Art der gestellten Innovationsaufgaben hat hier einen Einfluss.[5]

3.2　Steigerung der Leistungsbereitschaft der Teilnehmer

Um die Leistungsbereitschaft der Teilnehmer zu steigern, ist ein Ansatzpunkt das gezielte und offengelegte *Eingrenzen des Teilnehmerkreises* für einen Gewinn. Dies kann durch das Festlegen von Teilnahmebedingungen, z. B. durch die Forderung der Zugehörigkeit zu einer bestimmten Berufsgruppe, erfolgen. Dadurch wird den Teilnehmern vermittelt, dass es insgesamt weniger Teilnehmer und damit Konkurrenten gibt, diese Konkurrenten aber leistungsstärker sind. Dadurch steigt, wenn die Entscheidung zur Teilnahme getroffen wurde, in der Regel die Leistungsbereitschaft während des Wettbewerbs.

Wie beschrieben hängen die Gewinnchancen der einzelnen Teilnehmer davon ab, welche und wie viele andere Wettbewerber aktiv teilnehmen. Boudreau et al. haben anhand von Daten aus Wettbewerben zur Softwareentwicklung entsprechende Zusammenhänge abgeleitet.[6] Die einzelnen Wettbewerbsgruppen unterschieden sich in der Gruppengröße und in der Art der zu lösenden Aufgaben. Daraus abgeleitet kamen sie unter anderem zu folgenden Ergebnissen.

Nehmen viele Wettbewerber teil, hat dies eine negative Wirkung auf das allgemeine innovative Engagement aller Teilnehmer. Bei komplexen Aufgaben erhöht sich die Leistungsbereitschaft zumindest des besten Programmierers, wenn man einen Teilnehmer zu einem vorgegebenen Wettbewerb hinzufügt.[7] Der Grund für das sinkende Engagement sind die gesunkenen Gewinnchancen bei einer höheren Anzahl von Teilnehmern. Die Erhöhung der Leistungsbereitschaft des vermeintlich besten Programmierers lässt sich damit erklären, dass dieser seinen in Aussicht stehenden Gewinn nicht aufs Spiel setzen möchte.

---

[5] Vgl. Boudreau, Lacetera & Lakhani (2008a).

[6] Vgl. Boudreau, Lacetera & Lakhani (2008b)

[7] Vgl. Boudreau, Lacetera & Lakhani (2008b).

Als Veranstalter von Innovationswettbewerben kann man sich dieses Verhalten zu nutze machen, um die Leistungsbereitschaft der Teilnehmer zu erhöhen. Es wird sogar empfohlen, die Wettbewerber auf zwei zu reduzieren.[8] Dies setzt aber voraus, dass man zwei hochqualifizierte und ebenbürtige Teilnehmer hat, um einen engagierten Wettkampf zu erhalten. Wenn die Wettbewerber ungleich sind, wird empfohlen, den Besseren mit einem Handicap zu belegen.[9] Um zwei hoch qualifizierte Teilnehmer herauszufinden, empfehlen Moldovanu und Sela bei genügend hoher Teilnehmeranzahl den Wettbewerb in zwei Gruppen aufzuteilen und dann die beiden Sieger in einer Finalrunde gegeneinander antreten zu lassen.[10]

Die Eingrenzung des Teilnehmerkreises kann durch das Regelwerk, aber auch durch die Gewinnstruktur, z. B. die Anzahl der Gewinne, beeinflusst werden. Moldovanu und Sela empfehlen eine Kombination aus mehreren Gewinnen mit einer Teilnahmegebühr.[11] Damit ist ein Organisator von Innovationswettbewerben mit der richtigen Wahl der Gewinne und der angemessenen Festlegung von Teilnahmegebühren in der Lage, die Art und die Anzahl der Teilnehmer in gewissen Grenzen zu bestimmen.[12] Um die Anzahl der Teilnehmer gering zu halten, bietet sich das Einfordern von Teilnahmegebühren an. Dies bedarf aber genauen Wissens über das Umfeld und die potentiellen Wettbewerber. Zudem können ungünstig festgesetzte Teilnahmegebühren entweder zu keinen oder zu zahlreichen Teilnehmern führen.[13]

Auch andere Ergebnisse zeigen, dass es von Vorteil ist, wenn der Organisator von Innovationswettbewerben einfache Mittel wie Teilnahmegebühren oder Teilnahmevoraussetzungen festlegt, um weniger qualifizierte Teilnehmer vom Wettbewerb auszuschließen.[14] Die Vorteile, die aus der Reduzierung der Wettbewerber entstehen, sind die verringerten Kosten für die Wettbewerbsevaluation, die Eindämmung der Vervielfachung von Aufwände bei den Teilnehmern durch die parallele Bearbeitung der Aufgabenstellung und geringere Koordinationskosten.[15]

---

[8] Vgl. Fullerton & McAfee (1999); Che & Gale (2003).

[9] Vgl. Che & Gale (2003).

[10] Vgl. Moldovanu & Sela (2004).

[11] Vgl. Moldovanu & Sela (2001).

[12] Vgl. Moldovanu & Sela (2001).

[13] Vgl. Fullerton & McAfee (1999).

[14] Vgl. Moldovanu & Sela (2001).

[15] Vgl. Fullerton & McAfee (1999).

3.3 Attraktivitätsgrad von Innovationswettbewerben

Eine weitere interessante Sichtweise in Bezug auf die Gewinnschancen und die Leistungssteigerung der Teilnehmer untersucht Runkel. Er zieht die *„closeness"* von den Wettbewerbern in Betracht. Unter „closeness" ist in diesem Zusammenhang zu verstehen, inwieweit die Kontrahenten in einem Wettbewerb ebenbürtig sind. Ist die „closeness" groß, dann sind die Kokurrenten nahezu gleich stark.[16]

Wenn nun das Ziel eines Organisators darin besteht, den Wettbewerb interessant für die Zuschauer und für die Teilnehmer zu gestalten, dann sind die Wettbewerbe, deren Ausgang offen ist, am spannensten und sehenswertesten. Dies liegt am nicht vorauszusehenden Ergebnis des Wettbewerbs und dem Einsatz der Teilnehmer, die sich ganz besonders anstrengen müssen, um zu gewinnen. Sind die Chancen, einen Wettbewerb zu gewinnen, sehr ungleich verteilt, die „closeness" also klein, dann ist ein Wettbewerb uninteressanter, weil oft auch die Wettbewerber keine besondere Anstrengungen unternehmen. Dem kann durch Handicapping entgegengewirkt werden. Runkel empfiehlt aber das Handicap nicht zu hoch zu wählen, da sonst ein diskriminierender Effekt eintritt, der dann wiederum negativ auf die Attraktivität und damit die Teilnehmerzahlen bzw. die Zuschauerzahlen wirken kann.[17]

Insgesamt kann festgehalten werden, dass es verschiedene Methoden gibt, um eine Steigerung der Leistungsbereitschaft bei Innovationswettbewerben zu stimulieren. Wichtig ist dabei zu unterscheiden, ob das Ziel die Steigerung der aggregierten Leistungsbereitschaft aller Teilnehmer ist, ob der Organisator das Ziel verfolgt, eine möglichst gute Einzeleinsendung oder –lösung im Rahmen des Innovationswettbewerbs zu erhalten oder ob die Attraktivität des Innovatioswettbewerbes generell erhöht werden soll.

Diese unterschiedliche Zielsetzung spiegelt sich in den verschiedenen Arten von Innovationswettbewerben und deren Gewinnen wider. Diese wurden im ersten Teil dieser Arbeit bereits erläutert. Weitere Ausführungen zum Themengebiet finden sich in der Dissertation von Wenger[18].

---

[16] Vgl. Runkel (2006).

[17] Vgl. Runkel (2006).

[18] Vgl. Wenger (2013).

Literatur

Alderfer, C. P. (1972). *Existence, relatedness, and growth: Human needs in organizational settings.* New York: The Free Press.

Bays, J., Chakravorti, B., Goland, T., Harris, B., Jansen, P., McGaw, D., Newsum, J., Simon, A., & Taliento, L. (2009). "And the winner is …" Capturing the promise of philanthrophic prizes. Sydney: McKinsey & Company, www.mckinsey.com.

Boudreau, K. J., Lacetera, N., & Lakhani, K. R. (2008a). Parallel Search, Incentives and Problem Type: Revisiting the Competition and Innovation Link. Working Paper 09-041, Harvard Business School.

Boudreau, K. J., Lacetera, N., & Lakhani, K. R. (2008b). Racing or Searching? Re-Examing the Competition-Innovation Link, Working Paper.

Bullinger, A. C., & Möslein, K. M. (2010a). Innovation Contests – Where are we? Proceedings of the Sixteenth Americas Conference on Information Systems, Lima, Peru, August 12-15, 2010.

Bullinger, A. C., & Möslein, K. M. (2010b). Innovation Contests – A Systematic Review of the Field, submitted to the 18th European Conference on Information System (ECIS), Praetoria.

Carvalho, A. (2009): In search of excellence – Innovation contests to foster innovation and entrepreneurship in Portugal, CEFAGE-UE Working Paper 2009/07, Évora.

Che, Y.-K., & Gale, I. (2003). Optimal Design of Research Contests. *American Economic Review*, Ausgabe *93*(3), 646-671.

Deci, E. L. (1972). Intrinsic Motivation, Extrinsic Reinforcement, and Inequity. *Journal of Personality and Social Psychology*, Ausgabe *22*, 113-120.

Deci, E. L., & Ryan, R. M. (1985). Intrinsic Motivation and Self-determination in Human Behavior. New York: Plenum.

Diener, K., & Piller, F. (2009). *The Market for Open Innovation, Increasing the efficiency and effectiveness of the innovation process, Open Innovation Acceleration Survey 2009.* RWTH Aachen University, TIM Group.

Ebner, W. (2008). *Community building for innovations: Der Ideenwettbewerb als Methode für die Entwicklung und Einführung einer virtuellen Innovations-Gemeinschaft.* Dissertation Techn. Univ. München.

Ebner, W., Leimeister, J.-M., Bretschneider, U., & Krcmar, H. (2010). Leveraging the Wisdom of Crowds: Designing an IT-supported Ideas Competition for an ERP Software Company. *Information Systems*, Ausgabe *49*(89).

J. E. Wenger, *Innovationswettbewerbe und Incentives*, essentials,
DOI 10.1007/978-3-658-04408-4, © Springer Fachmedien Wiesbaden 2014

Fullerton, R. L., & McAfee, P. R. (1999). Auctioning Entry into Tournaments. *Journal of Political Economy*, Ausgabe, *107*(3), 573-605.

Glazer, A. & , Hassin, R. (1988). Optimal contests. *Economic Inquiry*, Ausgabe *26*, 133-143.

Haller, J. B. A., Bullinger, A. C., & Neyer, A.-K. (2009). Beyond the Black Box of Idea Contests, European Academy of Management Meeting (EURAM) 2009, Liverpool, United Kingdom.

Hallerstede, S. H., Neyer, A.-K., Bullinger, A. C., & Möslein, K. M. (2010). Normalo? Tüftler? Profi? – Eine Typologisierung von Innovationswettbewerben. In M. Schumann, L. M. Kolbe, M. H. Breitner & A. Frerichs (Hrsg.), *Multikonferenz Wirtschaftsinformatik (MKWI)* 2010 (S. 245-246). Universitätsverlag Goettingen, Goettingen.

Herzberg, F. (1982). *The managerial choice: To be efficient and to be human* (2 Aufl.,). Salt Lake City Utah: Olympus Pub. Co.

Herzhoff, S. (1991). Innovations-Management: Gestaltung von Prozessen und Systemen zur Entwicklung und Verbesserung der Innovationsfähigkeit von Unternehmungen: Zugl.: Siegen, Univ., Diss., Ausgabe 15, Bergisch Gladbach u. a. Eul.

Krishna, V., & Morgan, J. (1998). The winner-take-all principle in small tournaments. In M. R. Baye (Hrsg.), *Advances in Applied Microeconomics*. Stamford: JAI Press.

Leimeister, J. M., Huber, M., Bretschneider, U., & Krcmar, H. (2009). Leveraging Crowdsourcing – Theory-driven Design, Implementation and Evaluation of Activation-Supporting Components for IT-based Idea Competitions. *Journal of Management Information Systems*, Ausgabe *26*(1), 1-44.

Maslow, A. H. (1987). Motivation and personality (3 Aufl.). New York: Harper & Row.

Moldovanu, B., & Sela, Aner. (2001). The Optimal Allocation of Prizes in Contests. *The American Economic Review*, Ausgabe *91*(3), 542-558.

Moldovanu, B., & Sela, Aner. (2004). Contest Architecture. *Journal of Economic Theory*, Ausgabe *126*(1), 70-96.

Möslein, K. M., Haller, J. B. A., & Bullinger, A. C. (2010). Open Evaluation: Ein IT-basierter Ansatz für die Bewertung innovativer Konzepte. *HMD Sonderheft: IT-basiertes Innovationsmanagement*, Ausgabe *273* 21-34.

Piller, F., & Walcher, D. (2006). Toolkits for idea competitions: a novel method to integrate users in new product development. *R & D Management*, Ausgabe *36*(3), 307-318.

Reichwald, R., & Piller, F. (2006): Interaktive Wertschöpfung: *Open Innovation, Individualisierung und neue Formen der Arbeitsteilung* (1 Aufl.). Wiesbaden: Gabler.

Runkel, M. (2006). Optimal contest design, closeness and the contest success function. *Public Choice*, Ausgabe *129*(1-2), 217-231.

Sisak, D. (2009). Multiple-Prize Contests – the Optimal Allocation of Prizes. *Journal of Economic Surveys*, Ausgabe *23*(1), 82-114.

Staehle, W. H., & Conrad, P. (1999). *Management: Eine verhaltenswissenschaftliche Perspektive* (8 Aufl.). München: Vahlen.

Von Hayek, F. A. (1945). The use of knowledge in society. *American Economic Review*, Ausgabe *35*(4), 519-530.

Vroom, V. H. (1964). *Work and motivation*. New York: Wiley.

Walcher, D. (2007). *Der Ideenwettbewerb als Methode der aktiven Kundenintegration: Theorie, empirische Analyse und Implikationen für den Innovationsprozess* (1 Aufl.). Wiesbaden: Deutscher Universitäts-Verlag.

Wenger, J. E. (2013). Gewinngestaltung bei Innovationswettbewerben – Theoretische und praktische Betrachtung. Deutschland: Springer Fachmedien Wiesbaden.